Autor _ VERLAINE
Título _ A VOZ DOS BOTEQUINS
E OUTROS POEMAS

Copyright _	Hedra 2011
Tradução© _	M. Isabel B. de Almeida, Cassio E. de Almeida, Gustavo E. de Almeida
Título original _	*Paralelamente a Paul Verlaine*
Agradecimentos _	a Casa Guilherme de Almeida, Poiesis Organização Social de Cultura e Secretaria de Estado da Cultura
Corpo editorial _	Adriano Scatolin, Alexandre B. de Souza, Bruno Costa, Caio Gagliardi, Fábio Mantegari, Iuri Pereira, Jorge Sallum, Oliver Tolle, Ricardo Musse, Ricardo Valle

Dados _

Dados Internacionais de Catalogação na Publicação ((

V62 Verlaine (1844–1896)
A voz dos botequins e outros poemas. / Verlaine
Tradução de Guilherme de Almeida. Introdução
de Marcelo Tápia. São Paulo: Hedra, 2009. 106 p

ISBN 978-85-7715-142-4

1. Literatura Francesa. 2. Poesia. I. Título.
II. Verlaine, Paul-Marie (1844–1896).
III. Almeida, Guilherme de, Tradutor. IV. Tápia, Marcelo

CDU 840
CDD 843

Elaborado por Wanda Lucia Schmidt CRB-8-1922

Direitos reservados em língua
portuguesa somente para o Brasil

EDITORA HEDRA LTDA.

Endereço _	R. Fradique Coutinho, 1139 (subsolo) 05416-011 São Paulo SP Brasil
Telefone/Fax _	+55 11 3097 8304
E-mail _	editora@hedra.com.br
Site _	www.hedra.com.br
	Foi feito o depósito legal.

Autor _ VERLAINE
Título _ A VOZ DOS BOTEQUINS
E OUTROS POEMAS
Tradução _ GUILHERME DE ALMEIDA
Introdução _ MARCELO TÁPIA
São Paulo _ 2011

Paul-Marie Verlaine (1844–1896) foi um dos integrantes da "trindade sagrada do simbolismo" na França, ao lado de Stéphane Mallarmé e Arthur Rimbaud. Lembrado por sua vida boêmia e por sua relação amorosa com Rimbaud, Verlaine criou uma obra poética marcada pela musicalidade, "impregnada da vaga sedução lunar das coisas antes sugeridas do que ditas, mais musicadas do que escritas", no dizer de Onestaldo Pennafort. Seu lirismo evanescente e musical abriu novos caminhos para a poesia francesa; no entender de Gilberto Mendonça Teles, seu poema "Art poétique" "foi o ponto de partida da funda aventura simbolista". Publicou, entre outros, os livros *Poèmes saturniens* (1866), *Fêtes galantes* (1869), *Romances sans paroles* (1874), *Sagesse* (1880), *Jadis et naguère* (1884) e *Parallèlement* (1889). De sua produção em prosa, destaca-se o ensaio "Les poètes maudits" (1884), importante para o reconhecimento dos poetas citados (entre eles, Corbière, Rimbaud e Mallarmé, além do próprio autor, aqui denominado "Pauvre Lélian"). Verlaine foi eleito, em 1894, "Príncipe dos poetas" franceses.

A voz dos botequins e outros poemas reúne os poemas de Paul Verlaine selecionados e traduzidos pelo poeta Guilherme de Almeida para integrar o volume *Paralelamente a Paul Verlaine*, lançado por ele em 1944. Apresentado também em edição bilíngue, este livro corresponde fielmente, quanto à seleção dos poemas e às recriações, à publicação original. Esta edição traz ainda em apêndice a entrevista concedida por Verlaine a Jules Huret em 1891, mais tarde reunida no volume *Enquête sur l'évolution littéraire*, e uma pequena iconografia.

Guilherme de Almeida (1890–1969) foi um dos mentores do movimento modernista que culminou na famosa Semana de 1922, da qual participou ativamente. Dotado de reconhecido domínio técnico, o poeta transitou com igual competência por modelos composicionais diversos. Sua obra abarca extensa produção poética, assim como imensa produção em prosa (marcadamente na forma de crônicas e de artigos críticos sobre cinema, publicados em periódicos). Eleito "Príncipe dos Poetas Brasileiros" em 1959, membro das Academias Paulista e Brasileira de Letras, o escritor atuou, ainda, em diversas vertentes da arte, como o desenho, a heráldica e o cinema. Como tradutor, Guilherme costuma ser lembrado pela excelência de suas realizações; cultivador da literatura francesa, traduziu poemas de, entre outros, François Villon, Paul Verlaine, Charles Baudelaire, Stéphane Mallarmé e Paul Valéry. Entre suas obras publicadas encontram-se *Nós* (1917), *A dança das horas* (1919), *A frauta que eu perdi* (1924), *Meu* (1925), *Encantamento* (1925), *Raça* (1925), *Você* (1931), *Acaso* (1938), *O anjo de sal* (1951), *Camoniana* (1956) e *Rua* (1961). Podem-se destacar, entre as publicações de poesia traduzida, *Poetas de França* (1936), *Flores das "Flores do mal" de Charles Baudelaire* (1944) e *Paralelamente a Paul Verlaine* (1944).

Marcelo Tápia é poeta, tradutor e professor. Publicou os livros *Primitipo* (Massao Ohno, 1982), *O bagatelista* (Timbre, 1985), *Rótulo* (Olavobrás, 1990), *Livro aberto* (Olavobrás, 1992) e *Pedra volátil* (Olavobrás, 1996). Como tradutor, tem colaborado em diversos periódicos, e publicou, entre outros, os livros *A forja — alguma poesia irlandesa contemporânea* (Olavobrás, 2003) e *Os passos perdidos*, de Alejo Carpentier (Martins, 2008). É editor da revista *on-line* de literatura *Mnemozine* e membro do conselho editorial do site de literatura e arte *Crónopios*. Graduado em português e grego pela FFLCH-USP, realizou estudos de pós-graduação em semiótica, linguística, letras clássicas, teoria da tradução e teoria literária. É diretor do museu biográfico e literário Casa Guilherme de Almeida, em São Paulo, e organizador do Centro de Estudos de Tradução Literária do museu.

SUMÁRIO

Introdução, por Marcelo Tápia 9

A VOZ DOS BOTEQUINS E OUTROS POEMAS 31
Minha carta a Paul Verlaine 33

DE POÈMES SATURNIENS 37
Mon rêve familier 38
Meu sonho familiar 39
Chanson d'automne 40
Canção de outono 41

DE LES FÊTES GALANTES 43
L'amour par terre 44
O amor por terra 45
En sourdine 46
Em surdina 47
Colloque sentimental 48
Colóquio sentimental 49

DE LA BONNE CHANSON 51
La lune blanche 52
O luar grisalho 53
Le foyer, la lueur… 54
O lar, a estreita luz… 55
Le bruit des cabarets… 56
A voz dos botequins… 57

DE ROMANCES SANS PAROLES 59
C'est l'extase langoureuse… 60
É o êxtase langoroso… 61
Ariette 62

Arieta	63
Green	64
Green	65

DE SAGESSE — 67
Les mains	68
As mãos	69
D'une prison	70
De uma prisão	71

DE JADIS ET NAGUÈRE — 73
Art poétique	74
Arte poética	75

APÊNDICE — 79
Jules Huret entrevista Paul Verlaine	80
Iconografia	87

INTRODUÇÃO

Um dos integrantes da "trindade sagrada do simbolismo" na França, Paul Verlaine costuma ser lembrado por sua vida boêmia e por sua relação amorosa com outro poeta francês, Arthur Rimbaud, membro da mencionada tríade, a que também pertencia Stéphane Mallarmé. Dono de biografia digna do mito do poeta como sendo afim com o desregramento, a vagabundagem e o vício, Verlaine pode ser visto — tal como fez Antonio Candido, em artigo de 1944[1] —, como alguém que "permaneceu sempre indeciso, na dubiedade que lhe constitui o fundo do seu caráter e marca para sempre a sua obra".[2] A dubiedade, de acordo com essa óptica, é

---

[1] Antonio Candido. "Verlaine". In: *Folha da Manhã*. São Paulo: 23 de novembro de 1943, p. 5.

[2] Em linha semelhante de pensamento, diz o crítico Roberto Alvim Corrêa (1901–1983): "[...] houve sempre nele uma dualidade que durou até o fim nos pontos extremos das tendências boas e más de seu ser [...]" (Alvim Corrêa, Roberto: "Notas sobre Verlaine". In: Simon, Michel (org.). *Paul Verlaine et le Brésil*. Rio de Janeiro: Agir, 1948, p. 109). Tristão de Athayde (Alceu Amoroso Lima), por sua vez, estende o aspecto da contradição do poeta às influências que recebera e à caracterização estética de sua obra: "Sendo *ele próprio* [...] foi também uma encruzilhada. Ele mesmo, traçando um auto-retrato, chamou-se de 'quelque peu contradictoire'. A unidade verlainiana é feita de influências bastante heterogêneas. É certo que o ponto crucial de seu prestígio é a nota sutil, delicada, interior. É o indeciso, o crepuscular, o entretom [...]" (Athayde, Tristão. "A perenidade de Verlaine". *Id.*, p. 73).

INTRODUÇÃO

sinal de apego a preceitos ou de incapacidade de decisão, de superação da dúvida: "seu burguesismo fundamental de filho-família decaído não o deixava colocar-se acima do bem e do mal, como Rimbaud, nem a sua constituição sexual dúbia lhe permitia uma escolha decisiva entre o homem e a mulher", diz Candido. Entende-se, daí, que a força para superar contradições associa-se a uma "escolha decisiva": seria necessária uma atitude determinadora e definidora para uma realização plena, inclusive poética — envolvendo a ruptura com "velhos" padrões — pois às duas limitações mencionadas somava-se a de que "o seu apego ao passado impediu-lhe uma libertação mais funda e decisiva no terreno da poesia". Por isso, para o crítico, "na árvore genealógica da poesia moderna, [...] os seus galhos são os mais fracos, os menos exuberantes", diante daqueles lançados por Mallarmé e por Rimbaud. Ainda que assim seja — essa noção é, hoje, mais ou menos consensual, ainda que se considere a importância do trabalho do criador de *Poèmes saturniens* (1866) para a produção dos dois outros "poetas malditos" (expressão advinda de título de livro seu, de 1884) —, a poesia de Verlaine permanece, sim, como generosa fonte de descoberta e de fruição aos leitores interessados em apreciar a textura sonoro-musical que a palavra pode oferecer quando é posta a fluir num contexto estético formado pelas relações que a própria palavra, em sua "materialidade" fônica, estabelece com suas semelhantes. Além do mencionado primeiro livro — no qual se inclui o famoso soneto "Monsieur Prudhomme", responsável pela atribuição de um tom irônico e irreverente ao conjunto predominantemente melancólico da obra aderida a conceitos parnasianos —, podem-se destacar primeiramente, na produção verlainiana, os títulos *Fêtes galantes* (1869) e *Romances sans paroles* (1874), considerando-se a nítida musicalidade dos versos que caracterizaria a obra do autor. Especialmente em *Festas galantes*, a tendência pelo vago e abstrato, associada à opção pelo sugestivo e à dita musicalidade, evidencia o teor simbolista dos poemas, ainda que sua configuração se dê em moldes parnasianos; outro aspecto identificado ao simbolismo, o gosto pelo imaginário, está, também, na base dessa obra, criada a partir da ideia de transposição, para a poesia, da "pintura galante" do século XVIII, centralmente a de Watteau e discípulos. Para Charles Morice, trata-se de uma "obra-prima de fórmula parnasiana que ultrapassaria a si mesma em sua época ou além dela, na atmosfera de um Watteau mais melancólico, porque percebe ainda mais lucidamente as decepções do prazer". O crítico refere-se, também, a outras obras de Verlaine:

[...] após as *Fêtes galantes* [...] todo verbalismo desaparece, a forma de algum modo se apaga e a alma se mostra nua, tenra em *La Bonne Chanson*, lamentosa em *Romances sans Paroles*, consolada em *Sagesse*. Há, nestes três livros, *Música acima de qualquer cousa*,[3] e este não é o menor sinal do gênio de Verlaine, a adivinhação da necessidade vital da Poesia, para reconquistar do usurpador — a música vocal e instrumental, a que os recentes triunfos prometem supremacia entre as artes

[3] O verso é apresentado, aqui, na tradução de Guilherme de Almeida.

INTRODUÇÃO

— o privilégio do canto: porque ele pertence propriamente à palavra ritmada [...]⁴

A poesia de Verlaine, nas palavras de Onestaldo de Pennafort (tradutor de *Fêtes Galantes* para o português), é

toda ela impregnada da vaga sedução lunar das coisas antes sugeridas do que ditas, mais musicadas do que escritas; poesia de delicadas nuances, de misteriosas ressonâncias, de ritmos sabiamente partidos e vazada num estilo que é um misto de sutileza artística e simplicidade popular.⁵

A musicalidade, como se pode ver, é uma característica reiteradamente reconhecida na obra do poeta. Ao tratar do tema, Mário de Andrade, em artigo de 1944, cita Marcel Colon: "Verlaine é o poeta que mais música infiltrou nos seus versos, o que melhor transformou palavras em melodia e em harmonia; é o mais músico dos poetas; é uma coleção de peças para canto".⁶ Observando que "Verlaine foi musicadíssimo", Mário pergunta "que poder tinham os seus versos para convidar assim a voz da música?". Para o crítico, "é incontestável [...] que nem o valor estético duma poesia nem especialmente a poesia melodiosa [(caso, para ele, da produzida por Verlaine),⁷] são elementos por si sós ca-

⁴Charles Morice. "*Avertissement*". In: *Oeuvres complètes de Paul Verlaine*, vol. I. Paris: Albert Messein, Éditeur. Paris: 1925, p. vii.

⁵Onestaldo de Pennafort. "Nota do traductor". In: Verlaine, Paul. *Festas galantes*. Tradução de O. de Pennafort. São Paulo: Companhia Editora Nacional, 1934, pp. 8–9.

⁶Mário de Andrade. "Oferta musical". In: *Folha da Manhã*. São Paulo: 23 de novembro de 1943, p. 5.

⁷Diz Mário: "talvez os que falam na musicalidade de Verlaine queiram se referir de preferência não à sonoridade verbal exata-

pazes de sugestionar os compositores"; no final de seu texto, conclui que Verlaine

é musicalíssimo, não porque os seus versos sejam mais musicais que os de muitos outros, mas porque especialmente denso e por isso exigente de música. E foi a esse chamado que Debussy, Chausson, Fauré corresponderam, completando Verlaine com a musicalidade mais legítima da doce música.

É do poema "Art poétique", integrante de um dos outros três livros que podemos destacar na obra verlainiana,[8] *Jadis et naguère*, 1884 (os demais são *La bonne chanson*, 1870, e *Sagesse*,[9] 1880), o verso citado por Morice, "De la musique avant toute chose" ("Música acima de qualquer cousa"). Sobre esse poema, afirma Gilberto Mendonça Teles:

Parece que a gênese da "Art poétique" foi, além da reviravolta

mente, mas a uma certa flexuosidade delicada e elástica de fraseado, a uma especial doçura de dizer [...] eu creio que então era bem mais acertado se falassem na 'melodia' apenas, e não na musicalidade de Verlaine, no caráter melodioso de seus versos, ou nos referíssemos em especial à melódica de parte da obra dele, com exclusão de quase toda a 'Sagesse' ". *Id., ib.*

[8] Como afirma Gilberto Mendonça Teles, "é na direção do simbolismo que se vai produzir a melhor poesia de Verlaine, como a de *Fêtes galantes* (1869), *Romances sans paroles* (1874), *Sagesse* (1881) e *Jadis et naguère* (1884)" (Mendonça Teles, Gilberto. *Vanguarda europeia e modernismo brasileiro*. Petrópolis: Vozes, 1982, p. 51). Conforme se verá mais adiante, é desses livros que Guilherme de Almeida colheu os poemas por ele traduzidos.

[9] Embora se possa, como Mário de Andrade, excluir *Sagesse* (composto de poemas tidos como religiosos) do conjunto de obras de Verlaine marcadas pela musicalidade, será possível, também, identificar elementos melódicos em seus versos, tal como o faz Nogueira Moutinho ao qualificar o poema "Les mains" como uma "das mais doridamente melodiosas vinhetas verlainianas".

espiritual de Verlaine, o artigo que Brémont escreveu sobre o *Romances sans paroles*, editado quando o poeta cumpria a sua pena em Bruxelas.[10] O referido artigo, severo mas atencioso, intitulava-se "C'est encore la musique" ("É ainda sobre música"), frase que teria motivado o verso inicial do poema de Verlaine ("De la musique avant toute chose").[11]

Segundo o mesmo autor, o poema de Verlaine

foi o ponto de partida da funda aventura simbolista. Superando os padrões parnasianos e desenvolvendo o legado inventivo de Rimbaud, seu texto passou imediatamente a ser estudado e assimilado por jovens poetas, repartidos nessa altura entre Verlaine e Mallarmé, mas todos dentro do pessimismo decadentista que já começava a se definir na direção do simbolismo.[12]

Uma vez tocados, ainda que ligeiramente, alguns aspectos fundamentais da obra de Verlaine, iniciemos uma também breve abordagem deste livro organizado por Guilherme de Almeida. A escolha do poeta modernista brasileiro se deu entre as criações dos seis livros já mencionados, que compõem o primeiro volume das *Oeuvres complètes de Paul Verlaine*, publicadas em Paris, em 1925 (tal volume traz texto de apresentação do já referido crítico Charles Morice). A seleção realizada por Guilherme define-se, certamente, pela musicalidade como uma especial fonte de envolvimento com a poesia verlainiana:

[10] Verlaine foi condenado a dois anos de prisão por ter dado um tiro de pistola em Rimbaud, em 1873, após vários rompimentos e reconciliações com o amante.

[11] *Op. cit.*, pp. 51–52.

[12] *Op. cit.*, p. 52.

Num teclado, uma vez, meu bom Verlaine,
beijei "les chères mains qui furent miennes",
perfumadas daquele luar de som
que Reynaldo Hahn compôs: "Les sanglots
    [longs...",
e leves como o azul piedoso que há
no teu "Le ciel est, par-dessus le toit"...[13]

Esta estrofe integra o poema "Minha carta a Paul Verlaine", que abre esta antologia, composto por Guilherme no dia 6 de maio de 1944, em homenagem ao centenário de nascimento do "poeta de Saturno". O tom do poema decassilábico é de identificação com o "amigo", chamado, no primeiro verso, pelo nome anagramático que Verlaine atribuiu-se no capítulo de *Les poètes maudits* em que trata de si mesmo:

> Pauvre Lélian, meu desgraçado amigo,
> se tu soubesses como estás comigo
> nesta noite sozinha e triste deste
> ano em que faz cem anos que nasceste!
>
> [...]
>
> Só por seguir-te, ó poeta de Saturno,
> o meu signo do Sol se fez noturno.
> Quantas vezes, nas minhas noites boêmias,
> sentindo nossas almas irmãs gêmeas,
> no "bar", na rua, eu te pedia: — Dá-me

[13] Os versos citados, entre aspas, pertencem, respectivamente, aos seguintes poemas de Verlaine: "Les mains" (*Sagesse*), "Chanson d'automne" (*Poèmes saturniens*), "D'une prison" (*Sagesse*).

teu braço! ("O triste, triste était mon âme!")?[14]

Há diversos níveis de identificação que se podem vislumbrar entre o brasileiro e o francês, a começar pela atribuição de "dubiedade", citada no início deste artigo em relação a Verlaine. Guilherme é visto como um autor que "durante toda a vida oscilaria entre a renovação e a tradição", no dizer de Carlos Vogt[15], ou como um criador que, após alcançar "o ponto extremo" de sua poesia modernista com *Raça* e *Meu* (1925), teria retornado "a processos mais ortodoxos, apurando o instrumento com senso cada vez mais clássico e vocação malabarística [...]", no dizer de Candido e Castello[16]. Alfredo Bosi, por sua vez, observa que os "timbres modernos" de livros como *Meu* e *Raça*, ambos de 1925, seriam apenas "maneirismo do moderno, passageiro", e que Guilherme, em seus livros posteriores, teria retomado "os antigos caminhos parnasiano-decadentes"[17]; sendo assim, certa dubiedade existiria, com o prevalecimento de uma tendência ao "passadismo literário", apegado a "módulos [...] parnasianos, já atenuados

---

[14] Primeiro verso do poema VII do conjunto "Ariettes oubliées", de *Romances sans paroles*.
[15] Vogt, Carlos. "Um romântico entre futuristas". In: Guilherme de Almeida. *Os melhores poemas de Guilherme de Almeida*. Seleção de Carlos Vogt. São Paulo: Global, 1993, p. 14.
[16] Candido, Antonio / Castello, J. Aderaldo. *Presença na literatura brasileira*. Vol. III: *Modernismo*, sexta edição. Rio de Janeiro / São Paulo: Difel, 1977, p. 55.
[17] Bosi, Alfredo. *História concisa da literatura brasileira*, segunda edição. São Paulo: Cultrix, 1979, p. 420.

por um neo-simbolismo que se confessa filho de Verlaine e de Rodenbach"[18]. Neste julgamento, a evidente afinidade do poeta com a obra verlainiana é reconhecida, e sua ligação com modos de compor considerados próprios de movimentos anteriores ao modernismo é tida como sinal de não superação de uma "cultura", de um "virtuosismo" e de "aspirações morais" que viriam "do passado" e lá teriam permanecido; Guilherme pode ser visto, assim, por esse ângulo, como uma espécie de correspondente brasileiro de Verlaine, tendo-se em conta a sentença proferida por Candido, já citada, de que o apego do francês "ao passado impediu-lhe uma libertação mais funda e decisiva no terreno da poesia". Dubiedade e impedimento para uma possível libertação de antigos valores: uma forma de ver, com certo viés depreciativo — porque o valor a ser conquistado estaria na opção determinada pelo novo a que o desprendimento conduziria –, uma condição que seria comum aos dois poetas. Tal condição, contudo, determinaria caracteres não facilmente depreciáveis, como as "virtudes formais" que ambos demonstrariam, especialmente voltadas ao aspecto melopéico da poesia. É cabível questionar-se a perspectiva crítica predominante, que focaliza a *ruptura* (em relação a padrões que deveriam ser superados) como atitude fundamental de um autor para a realização de uma obra mais representativa de determinado momento histórico de transição ou movimento literário (no qual esse autor se insira) que proponha a instauração de novos rumos à criação artística: autores que não rompem definitivamente com padrões

---

[18] *Op. cit.*, p. 419.

ou recursos estéticos advindos da tradição não só podem alcançar resultados artisticamente elevados, como dispor de tais recursos para a afirmação de um caráter múltiplo de sua obra, que poderá incluir exatamente o diálogo com a tradição, inclusive por meio da tradução; este entendimento, em relação a Guilherme de Almeida, será abordado (ainda que ligeiramente) na sequência deste artigo.

A visão de dubiedade em Guilherme pode ceder lugar a uma óptica diversa, como a de Lêdo Ivo, que atribuiria ao poeta um papel conciliador:

Talvez mais do que nenhum outro dos participantes da Semana de Arte Moderna, Guilherme de Almeida viveu o drama da conciliação estética do novo com o velho, da fôrma com a forma, da tradição com a invenção, da rotina e do automatismo das receitas com o clamor de criatividade.[19]

Com um pensamento de teor análogo, afirma Maria Helena Queiroz que

[...] o fato de [Manuel] Bandeira ... ser autor de sonetos parnasianos e ter-se engajado no Modernismo também levou a crítica a visualizar sua produção como instável, indefinida. No entanto, para Carlos Drummond de Andrade, isso revela a variedade de interesses literários de Bandeira. Segundo Drummond, o poeta pernambucano foi mestre em todas as formas de poesia e mostrou na prática todas as possibilidades poéticas de seu tempo. Entendemos que as palavras utilizadas por Drummond para explicar a poesia de Bandeira podem ilustrar, do mesmo modo, a poesia de Guilherme de Almeida.[20]

Talvez essa qualificação de "mestre" seja, de fato, a

---

[19] Lêdo Ivo. "O principal do príncipe". *In*: Guilherme de Almeida. *Raça*. Rio de Janeiro: José Olympio, 1972, 2ª, p. xxxii.

[20] Queiroz, Maria Helena de. *A variedade literária na obra*

mais adequada para poetas como Guilherme e, mesmo, como Verlaine, também se a palavra for empregada no sentido que lhe atribuiu Ezra Pound, para diferenciar os poetas a quem ela cabe de outros a quem denominaria "inventores": mestres poderiam ser aqueles que "aplicam alguns modos de expressão conhecidos e conseguem impregnar o todo com alguma qualidade especial ou com alguma característica própria [...]"[21]

Pode-se atribuir mestria ao papel desempenhado por Guilherme de Almeida na afirmação, por exemplo, da importante conquista do modernismo que foi o verso livre (para Manuel Bandeira, "o verso livre de Guilherme tem as regras que o poeta estabeleceu para seu uso"); e, também, de modo geral, à sua criação de uma poesia projetada numa dimensão que transcende a circunstância, e na qual podem conviver sincronicamente todas as possibilidades de arranjos formais. Combatendo a ideia de indefinição, diz, ainda, M.H. Queiroz:

Transitou por tendências estéticas distintas, passou do soneto à quadra, da cantiga ao haicai, da redondilha ao verso livre. Essa multiplicidade — que não significa indefinição —, mas variedade de interesses literários, leva-nos a entender o percurso da própria poesia brasileira. Na poesia de Almeida visualizam-se as possibilidades poéticas, não só do seu tempo, mas também do passado [...] Tendo produzido uma obra vária, torna-se inadequada a atitude de enquadrá-la numa de-

---

poética de Guilherme de Almeida". Tese apresentada à Faculdade de Ciências e Letras — Unesp, 2003, p. 51.

[21] Ezra Pound. *A arte da poesia — ensaios escolhidos*. São Paulo: Cultrix, 1976, p. 35.

INTRODUÇÃO

terminada tendência estética, fato que se verifica em muitos textos críticos sobre o poeta.[22]

A dita "multiplicidade" do poeta o teria levado a desenvolver um lado especialmente importante de sua atividade literária: a tradução de poesia. Ele é não só um tradutor cuja obra tem sido, talvez, unanimemente estimada pela qualidade estética dos resultados, como também um importante pensador da tradução poética no Brasil, desempenhando uma função de pioneiro na área da reflexão teórica sobre o tema.

A concepção de Guilherme acerca do traduzir envolve — à semelhança de proposições teóricas referenciais da atualidade (como, em nosso país, a do poeta Haroldo de Campos — fundamentada em formulações como a de "informação estética", de Max Bense, a de "função poética da linguagem", de Jakobson, e a de "tradução como forma", de Walter Benjamin), a tomada do poema como um todo, como uma informação coincidente com a sua totalidade, uma teia de relações paradigmáticas entre constituintes indissociáveis, que caracterizariam o texto poético como um conjunto indivisível e irredutível que só pode ser *recriado* em outra língua:

E, por isso, uma repugnância minha, invencível, pelas desmoralizadas e desmoralizantes expressões "tradução", ou "versão", que soam e sabem a coisa vulgar [...] servir-me-ei de outra terminologia: "recriação", "reprodução", "recomposição", "reconstituição", "restauração", "transmutação", "correspondência", etc.; e, principalmente, "transfusão". [...] Transfusão de sangue: a revivificação de um organismo pela infiltração de um sangue alheio, mas de "tipo" igual.

[22] *Op. cit.*, p. 3.

Uma língua, uma poesia reabastecendo-se da seiva de outra, análoga, para mais e melhor se afirmar.[23]

Sobre o trabalho de Guilherme como tradutor, Haroldo de Campos considera que

como tradutor [Guilherme] teve momentos excelentes. Não só traduziu [...] haikais, mas fez também a tradução de François Villon, em português medieval, ou a tradução [...] da *Antígone* de Sófocles, diretamente do grego. Tanto quanto eu conheça, é a melhor tradução, a mais criativa em língua portuguesa, de uma tragédia grega".[24]

Trajano Vieira, ao apresentar a tradução que Guilherme realizou de *Antígone* (num volume que a inclui), considera que a preocupação do tradutor "com a reconfiguração de aliterações e assonâncias é evidente não só nas traduções de Baudelaire ('Vais levar-me, avalancha, em tua queda abrupta?') e Verlaine ('À aragem / da manhã gira, esparso, o mármore alvo'), como também da *Antígone*. [...]".[25]

Seriam muitos os exemplos que se poderiam dar, aqui, a fim de evidenciar a "transposição criativa" (para usar a expressão jakobsoniana) tal como a realiza Guilherme de Almeida. Concentremo-nos, porém, num

---

[23] "Notas". *In*: Guilherme de Almeida. *Flores das "Flores do mal" de Charles Baudelaire*. Rio de Janeiro: José Olympio, 1944, pp. 115-116.

[24] Maria Esther Maciel. "Poesia latino-americana em diálogo com o oriente — Conversa com Haroldo de Campos". *In*: *Maria Esther Maciel Homepage* (publicação *on-line*).

[25] "A solitária Antígone". *In*: Guilherme de Almeida; Trajano Vieira. *Op. cit.*. São Paulo: Perspectiva, 1997, p. 17. O fragmento citado da tradução de poema de Verlaine pertence a "O amor por terra" ("L'amour par terre", de *Fêtes galantes*).

único texto integrante do presente volume, não sem antes, contudo, mencionar um aspecto relevante que decorreria da afinidade entre Verlaine e Guilherme: tal afinidade tenderia a favorecer o consenso quanto à qualidade da recriação dos poemas, uma vez que atenderia também à possível concepção crítica de que os melhores resultados decorrem da afinidade dos procedimentos tradutórios com pressupostos (acerca de poesia, tradução e outros fatores envolvidos na abordagem de uma peça literária) compartilhados por ambos os autores envolvidos. Há, ainda, uma observação pertinente a se fazer quanto ao modo como se apresenta a edição original desta antologia: seu título, *Paralelamente a Paul Verlaine*, associa-se ao nome de um autor: Guilherme de Almeida. Ou seja: o volume não é apresentado como de autoria de Verlaine, cujos textos estariam em português pela intermediação de determinado tradutor. Seria este um excesso? Embora se possa explicar tal opção de Guilherme de Almeida — também adotada em *Poetas de França* (1936) — pela ideia de que a escolha envolvida numa antologia define o trabalho autoral na configuração de uma obra desse teor, pode-se considerar que essa forma de apresentação dos livros vai ao encontro da concepção do tradutor não como apenas um intermediário na "passagem" de um texto de uma língua a outra, mas como alguém cuja tarefa será *criação* (recriar é criar de novo), tarefa esta que passa a adquirir o *status* de autoria, tal como a entendemos hoje. Não se trataria, contudo, apenas ou propriamente de uma valorização do tradutor como "autor", mas, sim, do entendimento do traduzido como obra também autônoma: o aspecto mais importante da questão está em focalizar-se a obra como resultante de um processo criativo, e não a pessoa do "autor", ainda que a atribuição deste qualificativo vincule-se à concepção do ato tradutório como ato de criação.

Em seu livro referencial sobre tradução de poesia, Mário Laranjeira assinala que Guilherme de Almeida, "que chama de reprodução a tradução poética, não vê a sua atividade como secundária e castradora"; e cita uma passagem da introdução a *Poetas de França*, na qual o autor declara que "pouco a pouco [versos de outros autores] se foram tornando uma fôrma para a forma do meu próprio sentimento e do meu pensamento próprio, até que eu me surpreendi repetindo-os como coisas minhas, na língua que é a minha..."[26] Laranjeira menciona, ainda, que Guilherme teria feito, cerca de quarenta anos após a revelação acima referida, novas observações que reafirmavam suas convicções sobre recriação poética:

[...] jamais tentei traduzir poesia. Traduz-se prosa e eu mesmo o fiz várias vezes. Tomar um poema, mirá-lo e remirá-lo, absorvê-lo para depois — às vezes muito depois — reapresentá-lo em outra língua, autônomo, eis a única operação idiomática possível em poesia.[27]

Autonomia do poema recriado: uma concepção que evidencia a destacada importância de Guilherme na história do pensamento sobre tradução poética no

---

[26] Mário Laranjeira. *Poética da tradução: do sentido à significância*. São Paulo: Edusp, 2003, p. 36.

[27] *Id., ib.* Laranjeira transcreve afirmação atribuída a Guilherme por Israel Dias Novaes, em: Dias Novaes, Israel. "Imagem de Guilherme de Almeida". In: *Revista de poesia e crítica*. Brasília — São Paulo — Rio de Janeiro: número 1, 1976, p. 40.

INTRODUÇÃO

Brasil, concepção essa que teria propiciado a alta fatura de seu próprio trabalho, igualmente relevante no curso da atividade tradutória em nosso país.

Uma opção como a de Guilherme pode ser vista — evocando-se aqui, novamente, Haroldo de Campos —, como resultante de uma pertinente *hýbris* do tradutor, que, por manifestá-la, poderia "transformar, por um átimo, o original na tradução de sua tradução"...[28] Nesse sentido, no mecanismo de perdas e ganhos de uma tradução em relação ao texto de partida, e de compensações possíveis (pela via criativa), em pontos outros, de perdas inevitáveis, a existência de "sobrecompensações" (para usar uma expressão de José Paulo Paes)[29] que tornam a tradução mais rica em elementos estético-semânticos que o próprio original — não será rara na obra tradutória de Guilherme, em decorrência de sua tão reconhecida habilidade poética.

Mas tomemos visando a uma breve análise, um dos poemas deste florilégio, a "Chanson d'automne":

> Les sanglots longs
> Des violons
>   De l'automne
> Blessent mon cœur
> D'une langueur
>   Monotone.

[28] Haroldo de Campos. "Para além do princípio da saudade — a teoria benjaminiana da tradução". In: *Folha de S.Paulo*, Caderno Folhetim, 9 de dezembro de 1984. (A palavra grega *hýbris*, mencione-se, refere-se a um orgulho desafiador, que podia provocar a *nêmesis*, ou seja, a indignação dos deuses.)

[29] José Paulo Paes. *Tradução: a ponte necessária — aspectos e problemas do traduzir*. São Paulo: Ática, 1990, p. 29.

Tout suffocant
Et blême quand
    Sonne l'heure,
Je me souviens
Des jours anciens
    Et je pleure.

Et je m'en vais
Au vent mauvais
    Qui m'emporte
Deçà, delà,
Pareil à la
    Feuille morte.

Estes lamentos
Dos violões lentos
    Do outono
Enchem minha alma
De uma onda calma,
    De sono.

E soluçando,
Pálido, quando
    Soa a hora,
Recordo todos
Os dias doudos
    De outrora.

E vou à-toa
No ar mau que voa,
    Que importa?
Vou pela vida,

> Folha caída,
> E morta.

É facilmente perceptível a correspondência, na tradução, do esquema rímico e de outros recursos sonoros do original. Neste, note-se especialmente a função das vogais nasaladas, em particular a sequência de "on" na primeira estrofe, que permite ouvir, nos versos, a lentidão e a ondulação presentes no "conteúdo" do poema: uma perfeita associação entre som e sentido. Na recriação de Guilherme, é nítida a opção pela eficaz presença de sequência sonora equivalente, ainda que isto venha a representar "imprecisão" de "significado": o poeta usa "violão", em vez de "violino", que seria o correspondente semântico de "violon". Não é admissível pensar-se, ingenuamente, que se trate de escolha errônea: o poeta tinha ampla e profunda familiaridade com o idioma francês; a palavra escolhida — como todo o poema — permanece no mesmo campo de sentido do original. Podem-se perceber, claramente, as razões da escolha: a vogal aguda de "violino" destoaria, e esta palavra quebraria o equilíbrio métrico-rítmico estabelecido para o poema recriado, à semelhança do original. Acerca da configuração métrica dos poemas, observe-se que, à primeira vista, enquanto o original se constrói com versos de quatro e de três sílabas, a recriação em português se faz com versos de quatro e de duas sílabas. Sob o esquema aparente, contudo, pode-se desvelar a estrutura rítmica análoga: após um verso de quatro sílabas (a diferença residirá na terminação dos primeiros versos das estrofes, agudos no poema de Verlaine, graves na tradução),[30] os dois versos seguintes podem juntar-se, em ambos os poemas, numa sequência idêntica de sete sílabas, com as tônicas rigorosamente nas mesmas posições (quarta e sétima sílabas, marcadas em negrito; não se marcam as primeiras sílabas dos versos, todas tônicas secundárias):

Les / san / glots / **longs**
Des / vi / o / **lons** / De l'au / **tom** / (ne)
Bles / sent / mon / **cœur**
D'u / ne / lan / **gueur** / Mo / no / **to** / (ne).

Es / tes / la / **men** / (tos)
Dos / vio / lões / **len** / tos / Do ou / **to** / (no)
En / chem / mi / nh**a al** / (ma)
De u / ma on / da **cal** / ma / De / **so** (no).

A correspondência se mantém, dessa forma, em todas as estrofes do poema. No último verso, uma aparente exceção não o é de fato, pois a leitura pode ser feita sem elisão, em virtude de uma desejável pausa:

Fo / lha / ca / **í** / da / E / **mor** / (ta).

Sobre a correspondência rítmica, diz Guilherme, em seu texto introdutório ao livro *Poetas de França*:

Poder-se-á traduzir, verter, trasladar de uma língua para outra esse complexo-simples que é um ritmo? [...] Ora, traduzir, nesse caso, seria antes "reproduzir". "Reproduzir", no

---

[30] "Verso agudo", esclareça-se, é o que termina com palavra oxítona (também denominada aguda), e "verso grave", o que termina com palavra paroxítona (também denominada grave).

sentido autêntico, primitivo do termo: "reproduzir" quer dizer produzir de novo, ou seja, sentir, pensar e dizer como o autor e com o autor.[31]

Ainda que possa ser duvidosa a afirmação após "ou seja" — uma vez que sentir e pensar *como* o autor envolve uma dimensão extratextual à qual não se tem, propriamente, acesso, mesmo que haja tal intenção — pensar *com* o autor é possível, no sentido de uma criação paralela, e é isso que Guilherme efetivamente faz num poema como "Canção de outono", assim como nos demais poemas desta antologia, e assim como em todas as traduções que realizou.

Mas voltemos ao detalhe da "imprecisão" de significado na escolha de "violão" por "violon": tal detalhe é, frise-se, revelador de uma concepção de tradução de poesia como uma tarefa que não privilegiará – lembrando-se, aqui, a conhecida formulação de W. Benjamin — a "transmissão inexata de um conteúdo inessencial", mas, sim, a dita "tradução como forma" (outra expressão, já mencionada, do mesmo autor). Uma tradução que guardará uma relação paramórfica[32] com o original (observe-se que o título *Paralelamente a Paul Verlaine*, inspirado no nome do livro *Parallèlement*, do poeta francês, é perfeitamente coerente com a ideia de criação paralela, análoga). Em sua laboriosa atividade de tradutor, Guilherme de Almeida, afinando-se com a

---

[31] Guilherme de Almeida. *Poetas de França*. São Paulo: Companhia Editora Nacional, 1944, segunda edição, p. 17.

[32] Pareceu-me cabível evocar outro conceito desenvolvido por Haroldo de Campos: o de paramorfismo. A este respeito, veja-se: Campos, Haroldo de. "Tradução, ideologia e história". In: *Cadernos do MAM* nº 1. Rio de Janeiro: dezembro de 1983.

estética verlainiana, procura — e consegue — recriá-la de modo a propiciar-nos, em nossa língua, poemas com equivalente poder encantatório.

A VOZ DOS BOTEQUINS
E OUTROS POEMAS

GUILHERME DE ALMEIDA

PARALELAMENTE
A
PAUL VERLAINE

SÃO PAULO
LIVRARIA MARTINS EDITORA

Capa da 1ª ed. de *Paralelamente a Paul Verlaine*/Dorca

MINHA CARTA A PAUL VERLAINE

(no centenário de seu nascimento)

Pauvre Lélian, meu desgraçado amigo,
se tu soubesses como estás comigo
nesta noite sozinha e triste deste
ano em que faz cem anos que nasceste!
Deixa que eu baixe a lâmpada e que cerre
o "store". O teu retrato por Carrière,
numa reprodução pobre suspensa
a essa parede do meu quarto, pensa.
(Tão cor de terra, ela talvez imite
"un vieux faune" qualquer "de terre cuite")...

Lembro-me bem. Foi numa noite assim
que eu disse à Vida os versos do teu "Green":
"Voici des frutes, des fleurs"... Mas, nem sequer
Ela me ouviu. (Sou poeta; Ela é mulher...).

Num teclado, uma vez, meu bom Verlaine,
beijei "les chères mains qui furent miennes",
perfumadas daquele luar de som
que Reynaldo Hahn compôs: "Les sanglots
[longs...",
e leves como o azul piedoso que há
no teu "Le ciel est, par-dessus le toit"...

Só por seguir-te, ó poeta de Saturno,
o meu signo do Sol se fez noturno.
Quantas vezes, nas minhas noites boêmias,
sentindo nossas almas irmãs gêmeas,
no "bar", na rua, eu te pedia: — Dá-me

teu braço! ("O triste, triste était mon âme!")?
E nós éramos dois num mesmo instinto,
sob o bico-de-gás e sobre o absinto,
bebendo nossos versos gole a gole.
"Et la nuit seule entendit leurs paroles"...

Hoje... Penso no teu, no meu Paris,
Que será feito dele? Quem nos diz
se existe ainda o teu Hôtel de Ville?...
Montmartre, onde Mathilde de Fleurville,
noiva-menina, te esperava com
o alvo "bouquet" de "La Bonne Chanson"?...
E os cafés literários por aí,
rua de Rivoli, praça Clichy?...
E essa rua Chaptal, onde Niná,
Villiers de l'Isle-Adam, Hérédia,
Coppée, France, Mendès, Sully-Prudhomme
(e outros, de que já nem me lembro o nome),
"les chers, les bons, les braves Parnassiens",
ouviam teus "Poèmes Saturniens"?...
E a casa dos Mauté, onde poisou
— Anjo da Anunciação — Arthur Rimbaud,
desdenhoso, enigmático, insolente,
entre "Iluminações" de adolescente?...
E Versalhes, onde ias, com Watteau,
ver "sangloter d'extase les jets d'eau"?...
E o teu Quartier Latin da decadência,
onde, destilador de quintessência,
montaste teu balcão em que comprou
Paris "prose au kilo, vers frais ou faux"?...
E a ruela, o cais, as "caves", o trapiche
sobre o Sena, a "terrasse", o teu Boul'Miche

em que, quando passavas — o ar perdido
e a máscara socrática —, sumido
sob a miséria do teu "mac-farlane",
o burguês te apontava: — "É Paul Verlaine!"?...

Que será feito disso tudo agora?

Se isso ainda existe para alguém, nesta hora
desta noite sozinha e triste deste
ano em que faz cem anos que nasceste,
é porque deste a tudo a eternidade
que não existe na felicidade:
— porque deixaste para algum amigo,
não sei o quê, que não morreu contigo,
que, na rua Descartes, 39,
ainda sente, ainda pensa, ainda se move,
ainda sonha, ainda sofre, ainda fará
alguém poeta...

> "Pauvre âme c'est cela"!

São Paulo, Maio, 6, 1944

Guilherme de Almeida

DE
POÈMES SATURNIENS

MON RÊVE FAMILIER

Je fais souvent ce rêve étrange et pénétrant
D'une femme inconnue, et que j'aime, et qui
                  [m'aime
Et qui n'est, chaque fois, ni tout à fait la même
Ni tout à fait une autre, et m'aime et me
                  [comprend.

Car elle me comprend, et mon cœur, transparent
Pour elle seule, hélas! cesse d'être un problème
Pour elle seule, et les moiteurs de mon front
                  [blême,
Elle seule les sait rafraîchir, en pleurant.

Est-elle brune, blonde ou rousse? — Je l'ignore.
Son nom? Je me souviens qu'il est doux et sonore
Comme ceux des aimés que la Vie exila.

Son regard est pareil au regard des statues,
Et pour sa voix, lointaine, et calme, et grave, elle a
L'inflexion des voix chères qui se sont tues.

MEU SONHO FAMILIAR

Sonho às vezes o sonho estranho e persistente
De não sei que mulher que eu quero, e que
                              [me quer,
E que nunca é, de fato, uma única mulher
E nem outra, de fato, e me compreende e sente.

Compreende-me, e este meu coração,
                              [transparente
Para ela, não é mais um problema qualquer,
Só para ela, e meu suor de angústia, se quiser,
Chorando, ela transforma em frescura envolvente.

Se é morena, ou se é loira, ou se é ruiva — eu
                              [ignoro.
Seu nome? É como o nome ideal, doce e sonoro,
Dos amados que a Vida exilou para além.

Seu olhar lembra o olhar de alguma estátua
                              [antiga,
E sua voz longínqua, e calma, e grave, tem
Certa inflexão de emudecida voz amiga.

CHANSON D'AUTOMNE

Les sanglots longs
Des violons
    De l'automne
Blessent mon cœur
D'une langueur
    Monotone.

Tout suffocant
Et blême quand
    Sonne l'heure,
Je me souviens
Des jours anciens
    Et je pleure.

Et je m'en vais
Au vent mauvais
    Qui m'emporte
Deçà, delà,
Pareil à la
    Feuille morte.

CANÇÃO DE OUTONO

Estes lamentos
Dos violões lentos
    Do outono
Enchem minha alma
De uma onda calma
    De sono.

E soluçando,
Pálido, quando
    Soa a hora,
Recordo todos
Os dias doudos
    De outrora.

E vou à-toa
No ar mau que voa,
    Que importa?
Vou pela vida,
Folha caída
    E morta.

DE
LES FÊTES GALANTES

L'AMOUR PAR TERRE

Le vent de l'autre nuit a jeté bas l'Amour
Qui, dans le coin le plus mystérieux du parc,
Souriait en bandant malignement son arc,
Et dont l'aspect nous fit tant songer tour un jour!

Le vent de l'autre nuit l'a jeté bas! Le marbre
Au souffle du matin tournoie, épars. C'est triste
De voir le piédestal, où le nom de l'artiste
Se lit péniblement parmi l'ombre d'un arbre.

Oh! c'est triste de voir debout le piédestal
Tout seul! et des pensers mélancoliques vont
Et viennent dans mon rêve où le chagrin profond
Évoque un avenir solitaire et fatal.

Oh! c'est triste! — Et toi-même, est-ce pas? es
                              [touchée
D'un si dolent tableau, bien que ton œil frivole
S'amuse au papillon de pourpre et d'or qui vole
Au-dessus des débris dont l'allée est jonchée.

O AMOR POR TERRA

O vento derrubou ontem à noite o Amor
Que, no recanto mais secreto do jardim,
Sorria retesando o arco maligno, e assim
Tanta coisa nos fez todo um dia supor!

O vento o derrubou ontem à noite. À aragem
Da manhã gira, esparso, o mármore alvo. E à
                [vista
É triste o pedestal, onde o nome do artista
Já mal se pode ler à sombra da ramagem.

É triste ver ali de pé o pedestal
Sozinho! e pensamentos graves vêm e vão
No meu sonho em que a mais profunda comoção
Imagina um porvir solitário e fatal

É triste! — E tu, não é?, ficas emocionada
Ante o quadro dolente, embora olhando à toa
A borboleta de oiro e púrpura que voa
Sobre os destroços de que a aléa está juncada.

EN SOURDINE

Calmes dans le demi-jour
Que les branches hautes font,
Pénétrons bien notre amour
De ce silence profond.

Fondons nos âmes, nos cœurs
Et nos sens extasiés
Parmi les vagues langueurs
Des pins et des arbousiers.

Ferme tes yeux à demi,
Croise tes bras sur ton sein,
Et de ton cœur endormi
Chasse à jamais tout dessein.

Laissons-nous persuader
Au souffle berceur et doux
Qui vient à tes pieds rider
Les ondes de gazon roux.

Et quand, solennel, le soir
Des chênes noirs tombera,
Voix de notre désespoir,
Le rossignol chantera.

EM SURDINA

Calmos, na sombra incolor
Que dos galhos altos vem,
Impregnemos nosso amor
Deste silêncio de além.

Juntemos os corações
E as almas sentimentais,
Entre as vagas lassidões
Das framboesas, dos pinhais.

Cerra um pouco o olhar, no teu
Seio poisa a tua mão,
E da alma que adormeceu
Afasta toda intenção.

Deixemo-nos persuadir
Pelo sopro embalador
Que vem a teus pés franzir
As ondas da relva em flor.

A noite solene, então,
Dos robles negros cairá,
E, voz da nossa aflição,
O rouxinol cantará.

Dans le vieux parc solitaire et glacé
Deux formes ont tout à l'heure passé.

Leurs yeux sont morts et leurs lèvres sont molles,
Et l'on entend à peine leurs paroles.

Dans le vieux parc solitaire et glacé,
Deux spectres ont évoqué le passé.

— Te souvient-il de notre extase ancienne?
— Pourquoi voulez-vous donc qu'il m'en
[souvienne?

— Ton cœur bat-il toujours à mon seul nom?
Toujours vois-tu mon âme en rêve? — Non.

— Ah! les beaux jours de bonheur indicible
Où nous joignions nos bouches! — C'est possible.

— Qu'il était bleu, le ciel, et grand, l'espoir!
— L'espoir a fui, vaincu, vers le ciel noir.

Tels ils marchaient dans les avoines folles,
Et la nuit seule entendit leurs paroles.

COLÓQUIO SENTIMENTAL

No velho parque frio e abandonado,
Duas formas passaram, lado a lado.

Olhos sem vida já, lábios tremendo,
Apenas se ouve o que elas vão dizendo.

No velho parque frio e abandonado,
Dois vultos evocaram o passado.

— Lembras-te bem do nosso amor de outrora?
— Por que é que hei de lembrar-me disso agora?

— Bate sempre por mim teu coração?
Vês sempre em sonho minha sombra? — Não.

— Ah! aqueles dias de êxtase indizível
Em que as bocas se uniam! — É possível.

— Como era azul o céu, e grande, o sonho!
— Esse sonho sumiu no céu tristonho.

Assim por entre as moitas eles iam,
E só a noite escutou o que diziam.

DE
LA BONNE CHANSON

La lune blanche
Luit dans les bois;
De chaque branche
Part une voix
Sous la ramée…

O bien-aimée.

L'étang reflète,
Profond miroir,
La silhouette
Du saule noir
Où le vent pleure…

Revôns: c'est l'heure.

Un vaste et tendre
Apaisement
Semble descendre
Du firmament
Que l'astre irise…

C'est l'heure exquise.

O LUAR GRISALHO

O luar grisalho
Brilha no bosque;
De cada galho
Parte uma voz que
Roça a ramada...

Ó bem-amada.

Reflete o lago,
Espelho puro,
O vulto vago
Do choupo escuro
Que ao vento chora...

Sonhemos: é hora.

Um grande e brando
Quebrantamento
Vem, vem baixando
Do firmamento
Que o astro ilumina...

É a hora divina.

LE FOYER, LA LUEUR...

Le foyer, la lueur étroite de la lampe ;
La rêverie avec le doigt contre la tempe
Et les yeux se perdant parmi les yeux aimés ;
L'heure du thé fumant et des livres fermés ;
La douceur de sentir la fin de la soirée ;
La fatigue charmante et l'attente adorée
De l'ombre nuptiale et de la douce nuit,
Oh ! tout cela, mon rêve attendri le poursuit
Sans relâche, à travers toutes remises vaines,
Impatient des mois, furieux des semaines !

O LAR, A ESTREITA LUZ...

O lar, a estreita luz de uma lâmpada honesta;
O desvaneio com um dedo contra a testa
E os olhos a sumir nos olhos bem-amados;
A hora do chá cheiroso e dos livros fechados;
O prazer de sentir o fim de uma noitada;
A adorável fadiga e a espera idolatrada
De uma sombra nupcial e de uma noite doce,
A tudo isso o meu sonho terno dedicou-se
Sem tréguas, contra vãs dilações cotidianas,
Devorando, impaciente, os meses e as
[semanas!

LE BRUIT DES CABARETS...

Le bruit des cabarets, la fange des trottoirs,
Les platanes déchus s'effeuillant dans l'air noir,
L'omnibus, ouragan de ferraille et de boues,
Qui grince, mal assis entre ses quatre roues,
Et roule ses yeux verts et rouges lentement,
Les ouvriers allant au club, tout en fumant
Leur brûle-gueule au nez des agents de police,
Toits qui dégouttent, murs suintants, pavé qui
[glisse,
Bitume defoncé, ruisseaux comblant l'égout,
Voilà ma route — avec le paradis au bout.

A VOZ DOS BOTEQUINS...

A voz dos botequins, a lama das sarjetas,
Os plátanos largando no ar as folhas pretas,
O ônibus, furacão de ferragens e lodo,
Que entre as rodas se empina e desengonça todo,
Lentamente, o olhar verde e vermelho rodando,
Operários que vão para o grêmio fumando
Cachimbo sob o olhar de agentes de polícia,
Paredes e beirais transpirando imundícia,
A enxurrada entupindo o esgoto, o asfalto liso,
Eis meu caminho — mas no fim há um paraíso.

DE
ROMANCES SANS PAROLES

C'EST L'EXTASE LANGOUREUSE...

Le vent dans la plaine Suspend son haleine

Favart

C'est l'extase langoureuse,
C'est la fatigue amoureuse,
C'est tous les frissons des bois
Parmi l'étreinte des brises,
C'est, vers les ramures grises,
Le chœur des petites voix.

O le frêle et frais murmure!
Cela gazouille et susurre,
Cela ressemble au cri doux
Que l'herbe agitée expire...
Tu dirais, sous l'eau qui vire,
Le roulis sourd des cailloux.

Cette âme qui se lamente
En cette plainte dormante,
C'est la nôtre, n'est-ce pas?
La mienne, dis, et la tienne,
Dont s'exhale l'humble antienne
Par ce tiède soir, tout bas?

É O ÊXTASE LANGOROSO...

Le vent dans la plaine Suspend son haleine

Favart

É o êxtase langoroso,
É o cansaço amoroso,
É todo o bosque a vibrar
Ao enlace das aragens,
São, nas grisalhas ramagens,
Mil vozes a cochichar.

Ó o fino e fresco cicio!
É chilreio e murmurio,
Parece esses doces ais
Que a relva móvel suspira...
Dirias, na água que gira,
Rolar de seixos casuais.

Essa alma que se lamenta
Nessa queixa sonolenta
Não será a nossa, ai de nós?
A minha à tua enlaçada,
Exalando a humilde toada
Nesta tarde, a meia-voz?

ARIETTE

Il pleut doucement sur la ville.

Arthur Rimbaud

Il pleure dans mon cœur
Comme il pleut sur la ville.
Quelle est cette langueur
Qui pénètre mon cœur?

O bruit doux de la pluie
Par terre et sur les toits!
Pour un cœur que s'ennuie,
O le chant de la pluie!

Il pleure sans raison
Dans ce cœur qui s'écœure.
Quoi! nulle trahison?
Ce deuil est sans raison.

C'est bien la pire peine
De ne savoir pourquoi,
Sans amour et sans haine,
Mon cœur a tant de peine.

ARIETA

Il pleut doucement sur la ville

Arthur Rimbaud

Chora o meu coração
Como chove na rua;
Que lânguida emoção
Me invade o coração?

Ó frio murmúrio
Nas telhas e no chão!
Para um coração vazio,
Ó aquele murmúrio!

Chora não sei que mal
Meu coração cansado.
Um desengano? Qual!
É sem causa este mal.

É a maior dor — dói tanto! —
Não se saber por quê,
Sem ódio ou amor, no entanto
O coração dói tanto.

Voici des fruits, des fleurs, des feuilles et des
                        [branches,
Et puis voici mon cœur qui ne bat que pour vous ;
Ne le déchirez pas avec vos deux mains blanches,
Et qu'à vos yeux si beaux l'humble présent soit
                        [doux.

J'arrive tout couvert encore de rosée
Que le vent du matin vient glacer à mon front.
Souffrez que ma fatigue, à vos pieds reposée,
Rêve des chers instants qui la délasseront.

Sur votre jeune sein laissez rouler ma tête
Toute sonore encor de vos derniers baisers ;
Laissez-la s'apaiser de la bonne tempête,
Et que je dorme un peu, puisque vous reposez.

Aqui estão frutos, flores, folhas, que eu vos
                            [trouxe,
E um coração que só por vós sabe pulsar.
Não o despedaceis com vossa mão tão doce,
E possa o humilde dom ser grato ao vosso olhar.

Ainda tenho no rosto o orvalho que a alvorada
Vem regelar em mim com sua viração.
Que esta minha fadiga, a vossos pés prostrada,
Sonhe os instantes bons que a reconfortarão.

Deixai rolar no seio moço a fronte lenta
Em que ainda ecoam vossos beijos musicais;
Deixai-a sossegar da bendita tormenta,
E que eu durma um instante, enquanto repousais.

DE
SAGESSE

LES MAINS

Les chères mains qui furent miennes,
Toutes petites, toutes belles,
Après ces méprises mortelles
Et toutes ces choses païennes,

Après les rades et les grèves,
Et les pays et les provinces,
Royales mieux qu'au temps des princes,
Les chères mains m'ouvrent les rêves.

Mains en songe, mains sur mon âme,
Sais-je, moi, ce que vous daignâtes,
Parmi ces rumeurs scélérates,
Dire à cette âme qui se pâme?

Ment-elle, ma vision chaste,
D'affinité spirituelle,
De complicité maternelle,
D'affection étroite et vaste?

Remords si cher, peine très bonne,
Rêves bénis, mains consacrées,
O ces mains, ses mains vénérées,
Faites le geste qui pardonne!

AS MÃOS

As doces mãos que foram minhas,
Tão bonitas e tão pequenas
Depois de enganos e de penas
E de tantas coisas mesquinhas,

Depois de portos tão risonhos,
Províncias, cantos pitorescos,
Reais como em tempos principescos,
As doces mãos abrem-me os sonhos.

Mãos em sonho sobre a minha alma,
Que sei eu o que vos dignastes,
Entre tão pérfidos contrastes,
Dizer a esta alma pasma e calma?

Mentirá minha visão casta
De espiritual afinidade,
De maternal cumplicidade
E de afeição estreita e vasta?

Remorso bom, mágoa tão boa,
Sonhos santos, mãos consagradas,
Oh! essas mãos, mãos veneradas,
Fazei o gesto que perdoa!

D'UNE PRISON

Le ciel est, par-dessus le toit,
    Si bleu, si calme!
Un arbre, par-dessus le toit,
    Berce sa palme.

La cloche, dans le ciel qu'on voit,
    Doucement tinte.
Un oiseau sur l'arbre qu'on voit
    Chante sa plainte.

Mon Dieu, mon Dieu, la vie est là,
    Simple et tranquille.
Cette paisible rumeur-là
    Vient de la ville.

— Qu'as-tu fait, ô toi que voilà
    Pleurant sans cesse,
Dis, qu'as-tu fait, toi que voilà
    De ta jeunesse?

DE UMA PRISÃO

O céu azul, sobre o telhado,
    Tem tanta calma!
Uma árvore, sobre o telhado,
    Move uma palma.

O sino, sob o céu ao lado,
    Dobra bem lento,
Um pássaro, na árvore ao lado,
    Canta um lamento.

A vida aí está, num apagado,
    Simples descanso,
Vem da cidade esse apagado
    Rumor tão manso.

— Ó tu que aí estás, pobre coitado,
    Nessa ansiedade,
Que fizeste, pobre coitado,
    Da mocidade?

DE
JADIS ET NAGUÈRE

ART POÉTIQUE

à Charles Morice

De la musique avant toute chose,
Et pour cela préfère l'Impair
Plus vague et plus soluble dans l'air,
Sans rien en lui qui pèse ou qui pose.

Il faut aussi que tu n'ailles point
Choisir tes mots sans quelque méprise:
Rien de plus cher que la chanson grise
Où l'Indécis au Précis se joint.

C'est des beaux yeux derrière des voiles,
C'est le grand jour tremblant de midi,
C'est, par un ciel d'automne attiédi,
Le bleu fouillis des claires étoiles!

Car nous voulons la Nuance encor,
Pas la Couleur, rien que la Nuance!
Oh! la Nuance seule fiance
Le rêve au rêve et la flûte au cor!

Fuis du plus loin la Pointe assassine,
L'Esprit cruel et le Rire impur,
Qui font pleurer les yeux de l'Azur,
Et tout cet ail de basse cuisine!

ARTE POÉTICA

à Charles Morice

Música acima de qualquer cousa,
E prefere o Ímpar, menos vulgar,
Que é bem mais vago e solúvel no ar,
Que nada pesa e que em nada pousa.

É bom também que saibas medir
Teus termos, não sem certo descuido:
Nada melhor do que o poema fluido
Que ao Indeciso o Preciso unir.

É um lindo olhar entre rendas raras,
É a luz que treme ao sol vertical,
É, por um céu de calma outonal,
A mescla azul das estrelas claras!

Nós só queremos o meio-tom,
Nada de Cor, somente a Nuança!
Oh! a Nuança é que faz a aliança
Do sonho ao sonho e do som ao som!

Evita sempre a Ponta daninha,
O cruel Espírito e o Riso alvar,
Que apenas fazem o Azul chorar,
E esse alho, enfim, de baixa cozinha!

Prendes l'éloquence et tords-lui son cou!
Tu feras bien, en train d'énergie,
De rendre un peu la Rime assagie.
Si l'on n'y veille, elle ira jusqu'où?

Oh! qui dira les torts de la Rime?
Quel enfant sourd ou quel nègre fou
Nous a forgé ce bijou d'un sou
Qui sonne creux et faux sous la lime?

De la musique encore et toujours!
Que ton vers soit la chose envolée
Qu'on sent qui fuit d'une âme en allée
Vers d'autres cieux à d'autres amours.

Que ton vers soit la bonne aventure
Éparse au vent crispé du matin
Qui va fleurant la menthe et le thym...
Et tout le reste est littérature.

Toma a eloquência e esgana-a! Farás
Bem em agir energicamente,
Tornando a Rima um tanto obediente.
Quem sabe lá do que ela é capaz?

Oh! quem diria os males da Rima?
Que criança surda, ou negro imbecil
Terá forjado essa joia vil
Que soa falsa e vã sob a lima?

Música, sempre e cada vez mais!
Seja o teu verso a cousa evolada
Que vem a nós de uma alma exilada
Em outros céus para outros ideais.

Seja o teu verso a boa aventura
Esparsa ao áspero ar da manhã,
Que vai cheirando a giesta e hortelã…
E tudo mais é literatura.

APÊNDICE

PAUL VERLAINE[†]

A FIGURA do autor de *Sagesse* é muito conhecida no mundo literário e nas diferentes rodas do Quartier Latin. Sua cabeça de anjo mau envelhecido, a barba rala e mal feita, o nariz grosseiro; as sobrancelhas espessas e ouriçadas como barbas de espinho cobrem um olhar verde e profundo; seu crânio enorme e oblongo inteiramente desnudo, atormentado por enigmáticas saliências, escondem nessa fisionomia a aparente e bizarra contradição de um ascetismo obstinado e de apetites ciclópicos. Sua biografia será um drama longo e sofrido; sua vida, uma mistura inaudita de um ceticismo agudo e *"d'écarts de chair"*[1] que resultará em sadismos intermitentes, remorsos penitentes e quedas profundas nas cinzas de um esquecimento fatídico.

Apesar de tudo, Paul Verlaine não se transformou num sujeito vil; seus acessos de misantropia noturna e seus silêncios selvagens se dissipam rapidamente ao menor raio de sol, — qualquer que ele seja. Ele tem uma admirável resignação que o faz declarar com um toque de doçura levemente absíntico: "Eu não tenho mais que uma mãe, é a Assistência pública". Falei outro dia da influência que o senhor Stéphane Mallarmé lhe atribuiu

---

[†] Esta entrevista faz parte de uma série publicada originalmente no *L'Écho de Paris*, entre março e julho de 1891. A primeira edição, em livro, foi *Enquête sur l'évolution littéraire*, Jules Huret. Paris: Charpentier, 1894.

[1] "Desvios da carne." [N. da T.]

dentro do movimento poético contemporâneo; veremos o que pensam seus jovens seguidores. Enquanto isso, veja como ele fala deles.

Eu o encontrei em seu café habitual, o *François-Premier*, no Boulevard Saint Michel; trajava seu sobretudo longo, xadrez preto e cinza, que destacava uma soberba gravata de seda amarelo-ouro, cuidadosamente colocada e pendurada sobre um colarinho branco e correto. Verlaine, todos sabem, não é muito conversador; é o artista de puro instinto que lança suas opiniões com tiradas vigorosas e imagens concisas, às vezes uma brutalidade intencional, mas sempre temperadas com lampejos de franca bondade e de uma charmosa benevolência.

Inclusive, é muito difícil arrancar dele teorias da arte, e opiniões rigorosamente deduzidas. O melhor que posso fazer é reproduzir o que marcou especialmente a nossa longa entrevista.

Quando pedi a ele uma definição de simbolismo, ele me disse:

— Você sabe, eu tenho bom senso; talvez não tenha nada alem disso. O simbolismo? Não o compreendo... Deve ser uma palavra alemã, não? O que isso pode querer dizer exatamente? Aliás, estou pouco me lixando. Quando sofro, quando estou feliz ou quando choro, sei bem que isso não é um símbolo. Veja você que todas essas distinções são germanismos; o que pode causar a um poeta aquilo que Kant, Schopenhauer, Hegel e outros boches pensam dos sentimentos humanos! Eu sou francês, você está me entendendo, um francês patriota, — antes de tudo. Não vejo nada nos meus instintos que me obrigue a buscar o porquê do porquê de minhas lágrimas; quando estou infeliz, escrevo versos tristes, só isso, sem outra regra além do instinto que creio ter da bela escrita, como eles dizem.

Sua figura se obscurece, sua fala se torna lenta e grave.

— Isso não impede, continuou ele, que ainda assim se veja sob meus versos o... *gulf stream* da minha existência, onde há correntes de água gelada, correntes de água fervente, cacos, sim, areia, com certeza, flores, talvez...

A cada instante, na conversa com Verlaine, somos surpreendidos e tocados pelas antíteses súbitas de brutalidade e de graça, de ironia alegre e de indignação selvagem. Mas, repito, com ele é impossível seguir com rigor o ritmo de uma entrevista.

Naquele dia, ele fugia do assunto a todo instante, e, como eu me esforçava de todas as formas para trazê-lo de volta ao simbolismo, ele muitas vezes se chateava, batia na mesa de mármore com os punhos cerrados, fazendo balançar seu absinto e meu vermute, e resmungava:

— No fim, eles me aborrecem, os timpanistas![1] Eles e suas manifestações ridículas! Quando se quer verdadeiramente fazer uma revolução na arte, será que é dessa forma que se procede? Em 1830, nos animávamos e partíamos para a batalha com uma única bandeira onde estava escrito *Hernani*! Hoje, meteram os pés pelas mãos e cada um tem seu cartaz onde está escrito

---

[1] Verlaine faz aqui trocadilho de *symbolist* e *cymbalist*. *Cymbalist* é o músico que toca pratos, e não tímpano. Adaptamos com o propósito de preservar um pouco da assonância e do tom jocoso. [N. da T.]

RECLAME! E eles fizeram sua propaganda, uma propaganda digna de Richebourg... Banquetes... Devo estar te cansando um pouco...

Ele balançou os ombros e pareceu se acalmar, como após um grande esforço. Houve um instante de silêncio.

Depois ele retomou:

— Tudo isso não é ridículo, afinal! O ridículo tem limites, como todas as boas coisas...

Aos poucos, ele continuou, com o cachimbo sempre apagando e acendendo:

— A Renascença! Remontar à Renascença! E isso se chama reatar com a tradição! Passando por cima dos séculos XVII e XVIII! Que loucura! E Racine, e Corneille, eles não são poetas franceses, afinal! E La Fontaine, o autor do verso livre, e Chénier! Eles também não contam? Não, é bobagem o que eu digo, bobagem.

Ele sempre balançava os ombros, seus lábios tinham um jeito desdenhoso, sua sobrancelha se franzia. Ele disse então:

— Onde estão elas, as novidades? Será que Arthur Rimbaud, — e eu não o cumprimento por isso, — não fez tudo aquilo antes deles? E mesmo Krysinska! Eu também, por Deus, eu me diverti fazendo piadas por aí! Mas enfim, não tenho a pretensão de lhes impor um Evangelho! Certo, eu não me arrependo dos meus versos de quatorze pés; aprimorei a disciplina do verso, e isso é bom; mas não a suprimi! Para que existam versos, é necessário que haja ritmo. Atualmente, faz-se versos de mil patas! Isso não é mais verso, isso é prosa, muitas vezes não mais que rabiscos... E, sobretudo, *isso não é francês, não, isso não é francês*! Chamam isso de versos rítmicos! Mas nós não somos nem Gregos, nem Romanos! Nós somos franceses, meu Deus!

— Mas... e Ronsard? — eu arriscava.

— Pouco me importa o Ronsard! Houve antes dele alguém chamado François Villon que lhe coroou bravamente o peão! Ronsard! Pffif! Mais um que traduziu do francês para o moldávio-vasco!

— Os jovens, portanto, não reclamam de você? — pergunto.

— Provem que estou por qualquer motivo envolvido nesta paternidade! Que leiam meus versos!

Num tom cômico, ele continua:

— Cais Saint Michel, 19, por 3 francos!

E depois:

— Tive discípulos, sim; mas eu os considero discípulos rebeldes: Moréas, no fundo, é um deles.

— Ah! — eu disse.

— Mas sim, sou um pássaro, (como Zola é um boi, aliás), e existem as más línguas que fingem ter frequentado escola de canário. Em absoluto. Os simbolistas também são como pássaros, salvo exceções. Moréas também é um, mas não... Ele, ele seria mais um pavão... Além do mais, ele continua sendo um menino, um menino de dezoito anos. Eu também sou um garoto... (Aqui, Verlaine adota sua postura de costume: ergue a cabeça, projeta os lábios, fixa o olhar à frente e estica os braços)... Mas um garoto francês, santo nome de Deus! Com efeito!

E logo começou a rir, uma risada gostosa, verdadeira, animada, contagiante que me fez rir também.

— E como se deu o fato de você aceitar o epíteto de decadente, e que significado isso tem para você?

— É muito simples. Lançaram isso sobre mim como um insulto; porém eu assimilei como um grito de guerra; mas não significava nada de especial, que eu soubesse. Decadente! Será que o crepúsculo de um belo dia não vale todas as auroras! E depois, o sol que dá ares de se deitar, não se elevará até amanhã? Decadente, no fundo não queria dizer absolutamente nada. Eu repito para você, seria mais um grito e uma bandeira sem nada em volta. Precisamos de frases para lutar por alguma coisa! As três cores diante da águia negra, e basta, à luta!

— Nós reprovamos os simbolistas por serem obscuros... É essa sua opinião?

— Ah, não, não compreendo tudo, longe disso! Aliás, eles se referem a si mesmos assim: "Nós somos poetas abstrusos. Mas por que "abstrusos", afinal? Sim, eles ainda acrescentam: "como a lua!", entre outras coisas.

De novo, ele morreu de rir, e fui obrigado a acompanhá-lo.

Nesse momento me pareceu que a parte séria do nosso encontro chegava ao fim... Eu me lembrava de uma reflexão que havia feito o sr. Anatole France, e a repeti a Verlaine.

— É verdade que você sente ciúmes de Moréas?

Ele estufou o peito, improvisou um longo gesto com o braço direito, umedeceu os dedos, enrolou o bigode ritmicamente, se apoiou e disse:

— Sim!!!

Tradução de Mariana Lanari

ICONOGRAFIA

Fotografado em Londres

Fotografado por Gerschel

Cartaz para a exposição dos 100/Cazals

No café, sonolento/Cazals

Verlaine/Cazals

Verlaine e Rimbaud em Londres/F. Regamey

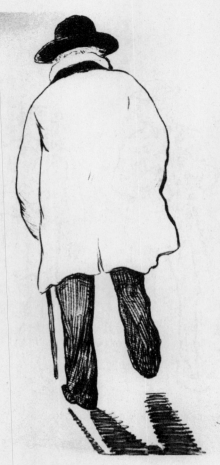

Verlaine/Cazals

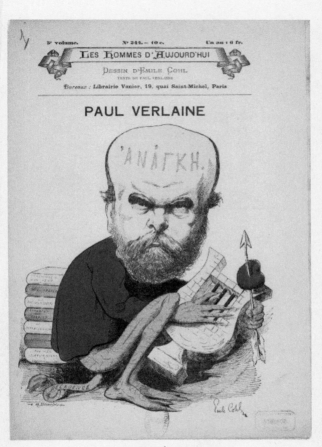

Caricatura/Émile Cohl

Rimbaud desenhado por Verlaine

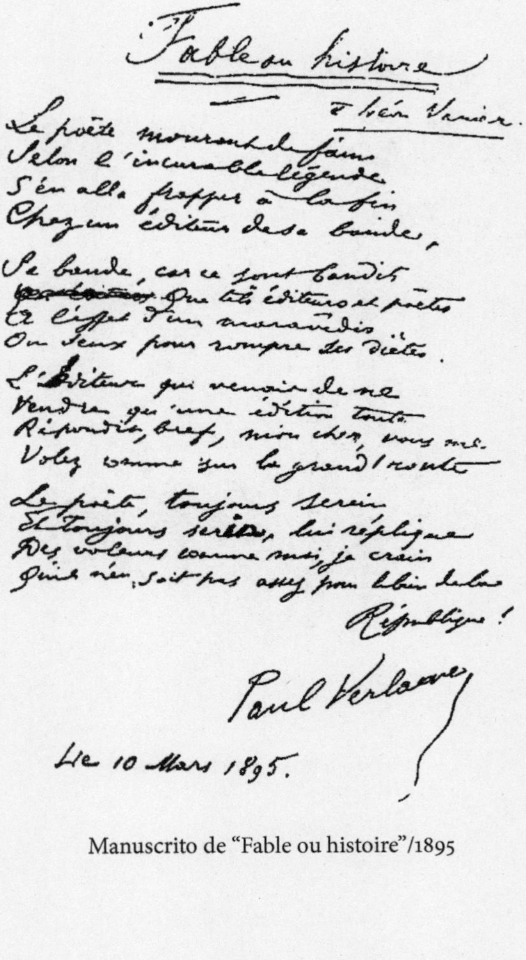
Fable ou histoire

à Léon Vanier.

Le poète mourant de faim
Selon l'incurable légende
S'en alla frapper à la fin
Chez un éditeur de sa bande,

Sa bande, car ce sont bandits
Que tels éditeurs et poètes
Et l'effet d'un maravédis
Ou deux pour rompre ses diètes.

L'Éditeur qui venait de ne
Vendre qu'une édition toute
Répondit, bref, mon cher, vous me
Volez comme sur la grand'route

Le poète, toujours serein
Et toujours serein, lui réplique
Des voleurs comme moi je crains
Qu'il n'en soit pas assez pour le bien de la
République!

Paul Verlaine

Le 10 Mars 1895.

Manuscrito de "Fable ou histoire"/1895

Em seu leito de morte/Cazals

Paul Verlaine
"La Bonne Chanson"

VIII

A voz dos botequins, a lama dos sarjetas,
Os plátanos largando no ar as folhas pretas,
O omnibus, furacão de ferragens e lodos,
que entre as rodas se empina e desengonça
lentamente o olhar verde e vermelho rodando, o tédio,
Operários que vão para o grêmio fumando
cachimbo sob o olhar de agentes de polícia,
paredes e beirais transpirando immundícia,
a enxurrada entupindo o esgoto, o asphalto liso,
Eis meu caminho — mas no fim é o paraíso!

Trad. de
Guilherme de Almeida

"A voz dos botequins"/Acervo Casa Guilherme de Almeida

COLEÇÃO DE BOLSO HEDRA

1. *Iracema*, Alencar
2. *Don Juan*, Molière
3. *Contos indianos*, Mallarmé
4. *Auto da barca do Inferno*, Gil Vicente
5. *Poemas completos de Alberto Caeiro*, Pessoa
6. *Triunfos*, Petrarca
7. *A cidade e as serras*, Eça
8. *O retrato de Dorian Gray*, Wilde
9. *A história trágica do Doutor Fausto*, Marlowe
10. *Os sofrimentos do jovem Werther*, Goethe
11. *Dos novos sistemas na arte*, Maliévitch
12. *Mensagem*, Pessoa
13. *Metamorfoses*, Ovídio
14. *Micromegas e outros contos*, Voltaire
15. *O sobrinho de Rameau*, Diderot
16. *Carta sobre a tolerância*, Locke
17. *Discursos ímpios*, Sade
18. *O príncipe*, Maquiavel
19. *Dao De Jing*, Laozi
20. *O fim do ciúme e outros contos*, Proust
21. *Pequenos poemas em prosa*, Baudelaire
22. *Fé e saber*, Hegel
23. *Joana d'Arc*, Michelet
24. *Livro dos mandamentos: 248 preceitos positivos*, Maimônides
25. *O indivíduo, a sociedade e o Estado, e outros ensaios*, Emma Goldman
26. *Eu acuso!*, Zola — *O processo do capitão Dreyfus*, Rui Barbosa
27. *Apologia de Galileu*, Campanella
28. *Sobre verdade e mentira*, Nietzsche
29. *O princípio anarquista e outros ensaios*, Kropotkin
30. *Os sovietes traídos pelos bolcheviques*, Rocker
31. *Poemas*, Byron
32. *Sonetos*, Shakespeare
33. *A vida é sonho*, Calderón
34. *Escritos revolucionários*, Malatesta
35. *Sagas*, Strindberg
36. *O mundo ou tratado da luz*, Descartes
37. *O Ateneu*, Raul Pompeia
38. *Fábula de Polifemo e Galateia e outros poemas*, Góngora
39. *A vênus das peles*, Sacher-Masoch
40. *Escritos sobre arte*, Baudelaire
41. *Cântico dos cânticos*, [Salomão]
42. *Americanismo e fordismo*, Gramsci
43. *O princípio do Estado e outros ensaios*, Bakunin
44. *O gato preto e outros contos*, Poe
45. *História da província Santa Cruz*, Gandavo
46. *Balada dos enforcados e outros poemas*, Villon
47. *Sátiras, fábulas, aforismos e profecias*, Da Vinci
48. *O cego e outros contos*, D.H. Lawrence

49. *Rashômon e outros contos*, Akutagawa
50. *História da anarquia (vol. 1)*, Max Nettlau
51. *Imitação de Cristo*, Tomás de Kempis
52. *O casamento do Céu e do Inferno*, Blake
53. *Cartas a favor da escravidão*, Alencar
54. *Utopia Brasil*, Darcy Ribeiro
55. *Flossie, a Vênus de quinze anos*, [Swinburne]
56. *Teleny, ou o reverso da medalha*, [Wilde et al.]
57. *A filosofia na era trágica dos gregos*, Nietzsche
58. *No coração das trevas*, Conrad
59. *Viagem sentimental*, Sterne
60. *Arcana Cœlestia e Apocalipsis revelata*, Swedenborg
61. *Saga dos Volsungos*, Anônimo do séc. XIII
62. *Um anarquista e outros contos*, Conrad
63. *A monadologia e outros textos*, Leibniz
64. *Cultura estética e liberdade*, Schiller
65. *A pele do lobo e outras peças*, Artur Azevedo
66. *Poesia basca: das origens à Guerra Civil*
67. *Poesia catalã: das origens à Guerra Civil*
68. *Poesia espanhola: das origens à Guerra Civil*
69. *Poesia galega: das origens à Guerra Civil*
70. *O chamado de Cthulhu e outros contos*, H.P. Lovecraft
71. *O pequeno Zacarias, chamado Cinábrio*, E.T.A. Hoffmann
72. *Tratados da terra e gente do Brasil*, Fernão Cardim
73. *Entre camponeses*, Malatesta
74. *O Rabi de Bacherach*, Heine
75. *Bom Crioulo*, Adolfo Caminha
76. *Um gato indiscreto e outros contos*, Saki
77. *Viagem em volta do meu quarto*, Xavier de Maistre
78. *Hawthorne e seus musgos*, Melville
79. *A metamorfose*, Kafka
80. *Ode ao Vento Oeste e outros poemas*, Shelley
81. *Oração aos moços*, Rui Barbosa
82. *Feitiço de amor e outros contos*, Ludwig Tieck
83. *O corno de si próprio e outros contos*, Sade
84. *Investigação sobre o entendimento humano*, Hume
85. *Sobre os sonhos e outros diálogos*, Borges — Osvaldo Ferrari
86. *Sobre a filosofia e outros diálogos*, Borges — Osvaldo Ferrari
87. *Sobre a amizade e outros diálogos*, Borges — Osvaldo Ferrari
88. *A voz dos botequins e outros poemas*, Verlaine
89. *Gente de Hemsö*, Strindberg
90. *Senhorita Júlia e outras peças*, Strindberg
91. *Correspondência*, Goethe — Schiller
92. *Índice das coisas mais notáveis*, Vieira
93. *Tratado descritivo do Brasil em 1587*, Gabriel Soares de Sousa
94. *Poemas da cabana montanhesa*, Saigyō
95. *Autobiografia de uma pulga*, [Stanislas de Rhodes]
96. *A volta do parafuso*, Henry James
97. *Ode sobre a melancolia e outros poemas*, Keats
98. *Teatro de êxtase*, Pessoa

99. *Carmilla — A vampira de Karnstein*, Sheridan Le Fanu
100. *Pensamento político de Maquiavel*, Fichte
101. *Inferno*, Strindberg
102. *Contos clássicos de vampiro*, Byron, Stoker e outros
103. *O primeiro Hamlet*, Shakespeare
104. *Noites egípcias e outros contos*, Púchkin
105. *A carteira de meu tio*, Macedo
106. *O desertor*, Silva Alvarenga
107. *Jerusalém*, Blake
108. *As bacantes*, Eurípides
109. *Emília Galotti*, Lessing
110. *Contos húngaros*, Kosztolányi, Karinthy, Csáth e Krúdy
111. *A sombra de Innsmouth*, H.P. Lovecraft
112. *Viagem aos Estados Unidos*, Tocqueville
113. *Émile e Sophie ou os solitários*, Rousseau
114. *Manifesto comunista*, Marx e Engels
115. *A fábrica de robôs*, Karel Tchápek
116. *Sobre a filosofia e seu método — Parerga e paralipomena (v. II, t. I)*, Schopenhauer
117. *O novo Epicuro: as delícias do sexo*, Edward Sellon
118. *Revolução e liberdade: cartas de 1845 a 1875*, Bakunin
119. *Sobre a liberdade*, Mill
120. *A velha Izerguil e outros contos*, Górki
121. *Pequeno-burgueses*, Górki
122. *Um sussurro nas trevas*, H.P. Lovecraft
123. *Primeiro livro dos Amores*, Ovídio
124. *Educação e sociologia*, Durkheim
125. *Elixir do pajé — poemas de humor, sátira e escatologia*, Bernardo Guimarães
126. *A nostálgica e outros contos*, Papadiamántis
127. *Lisístrata*, Aristófanes
128. *A cruzada das crianças/ Vidas imaginárias*, Marcel Schwob
129. *O livro de Monelle*, Marcel Schwob
130. *A última folha e outros contos*, O. Henry
131. *Romanceiro cigano*, Lorca
132. *Sobre o riso e a loucura*, [Hipócrates]
133. *Hino a Afrodite e outros poemas*, Safo de Lesbos
134. *Anarquia pela educação*, Élisée Reclus
135. *Ernestine ou o nascimento do amor*, Stendhal
136. *A cor que caiu do espaço*, H.P. Lovecraft
137. *Odisseia*, Homero
138. *História da anarquia (vol. 2)*, Max Nettlau

Edição	Alexandre B. de Souza e Bruno Costa
Coedição	Iuri Pereira e Jorge Sallum
Capa e projeto gráfico	Júlio Dui e Renan Costa Lima
Imagem de capa	Detalhe de *Au Moulin Rouge*, Toulouse-Lautrec
Programação em LaTeX	Marcelo Freitas
Preparação	Marcelo Tápia
Revisão	Iuri Pereira
Colaboração	Casa Guilherme de Almeida
Assistência editorial	Bruno Oliveira e Lila Zanetti
Colofão	Adverte-se aos curiosos que se imprimiu esta obra em nossas oficinas em 28 de novembro de 2011, em papel off-set 90 g/m², composta em tipologia Minion Pro, em GNU/Linux (Gentoo, Sabayon e Ubuntu), com os softwares livres LaTeX, DeTeX, vim, Evince, Pdftk, Aspell, svn e TRAC.